PLUS DE BANQUE SPÉCIALE,

PLUS D'INTÉRÊT A PAYER,

TOUT PROPRIÉTAIRE EST SON BANQUIER,

Par **J. RIVES**, ouvrier mécanicien.

Assurer le crédit de la monnaie de papier, c'est détruire l'influence dominatrice de l'argent et relever le droit du travail dans la production des richesses.

TOULOUSE.
IMPRIMERIE D'AUG. DE LABOUISSE-ROCHEFORT,
Rue des Balances, 43.

PLUS DE BANQUE SPÉCIALE,

PLUS D'INTÉRÊT A PAYER,

TOUT PROPRIÉTAIRE EST SON BANQUIER,

Par **J. RIVES**, ouvrier mécanicien.

Assurer le crédit de la monnaie de papier, c'est détruire l'influence dominatrice de l'argent et relever le droit du travail dans la production des richesses.

Nous étudierons le crédit, non pas tel qu'il serait susceptible de l'être en basant sa valeur sur des appréciations nouvelles du capital, comme on peut le faire, mais en s'attachant seulement aux idées que l'on a actuellement de sa valeur et le rapportant à la pensée que l'on a eue de mobiliser la propriété. Nous verrons si les avantages que l'on accorde à quelques individus qui font la banque, ne doivent pas être accordés de préférence aux propriétaires, qui seuls font la garantie des opérations du crédit.

Une banque est établie par une réunion de capitalistes qui ont formé un fonds social en espèces, à qui il a été accordé par le gouvernement d'émettre une quantité de billets portant le nom de la banque, payables au porteur à vue et en espèces. Cette quantité de billets peut être sans danger, d'après l'opinion commune, trois ou quatre fois plus grande que le fonds social.

Les principales opérations des banques, celles dites d'escompte et de circulation, sont d'escompter les effets du commerce. Ainsi un commerçant reçoit en paiement un effet payable à un certain terme. Le commerçant voulant des espèces s'adresse à un banquier, lequel a un compte ouvert à la banque, qui fait accepter les effets du commerçant moyennant un droit de commission pour lui et un certain intérêt exigé par la banque, et celle-ci donne en retour une valeur égale avec ses billets. Cette double opération n'a de valeur que parce qu'elle repose sur la certitude que les deux billets échangés seront payés; car si le commerçant en recevant les billets de la banque n'avait pas l'assurance qu'il peut aller échanger ces billets contre des espèces, il ne les auraient pas acceptés; d'un autre côté, la banque, si elle n'avait pas la certitude que les billets du commerçant ne seraient pas acquittés à leur échéance, il est certain qu'elle ne les aurait pas acceptés non plus. On voit donc que la garantie des opérations d'une banque consiste dans la confiance que l'on a que les billets négociés seront échangés contre des espèces.

Mais si on se demande qui est-ce qui donne le plus de garantie dans ces transactions commerciales, est-ce les billets de la banque ou les billets du commerce ? Il est évident que ce sont ces derniers. En effet, la banque qui a la facilité d'émettre trois ou quatre fois plus de billets qu'elle n'a de capital, si dans un moment donné on venait lui demander de l'argent contre tous les billets en émission, la banque serait insolvable, puisqu'elle n'a en capital que le tiers ou le quart de sa valeur, et serait forcée de faire banqueroute de tout l'excédant de cette valeur, et se trouverait ruinée du reste. Si on suppose même que la banque n'a le droit que d'émettre des billets en rapport avec son capital, une fois qu'elle aurait épuisé ses valeurs, il ne lui resterait plus entre ses mains que ses billets et se trouverait également ruinée : ce qui montre que la garantie d'une banque n'est pas dans son capital ni dans l'émission de ses billets, mais bien dans les billets du commerce comme on va le voir. La banque, en émettant ses billets, a pris en retour les effets du commerce que nous supposons être encore entre ses mains, vu que l'échéance de ces derniers n'est pas encore arrivée. Tout se borne donc à savoir si ces billets seront oui ou non acquittés au terme échu ; eh bien ! s'ils ne sont pas payés, il y aura ruine totale pour la banque ; s'il n'y en a qu'une partie, elle sera encore ruinée, et si enfin il en reste à payer une quantité égale aux intérêts qu'elle a perçus pour l'escompte, la banque n'aura rien gagné ni perdu. Mais on sait qu'une administration semblable ne travaille pas pour le plaisir d'être utile aux autres, mais bien pour ses propres intérêts; il faut donc admettre que tous les billets du commerce seront intégralement payés et que c'est là la garantie réelle de toutes les opérations d'une banque; car s'il en restait quelqu'un d'insolvable, ces pertes se trouveraient balancées et au-delà par les bénéfices qu'elle fait sur l'escompte.

Les auteurs des billets du commerce étant la seule garantie qui existe dans les opérations dont nous venons de parler, pourquoi ne pas leur accorder immédiatement l'avantage qu'on accorde à une banque en donnant cours aux billets qu'ils émettraient jusqu'au terme de leurs échéances, comme on le fait pour ceux de la banque qui circulent jusqu'au moment où on vient les échanger contre des espèces? On nous dira qu'il y a une grande différence, puisque les billets de la banque peuvent être convertis de suite en espèces, pendant que pour les effets du commerce il faut attendre leur échéance. A cela nous répondrons que si les billets de la banque lui étaient rendus immédiatement après leur émission, pour avoir de l'argent, les opérations se trouveraient arrêtées et n'auraient lieu qu'à concurrence de la mise, et par conséquent les billets seraient sans effet; tandis que si les billets circulaient dans le commerce pendant quelque temps, la banque retirerait de là de plus grandes facilités. Ainsi la banque a un million de capital, elle émet pour autant de billets. Si on venait de suite les faire payer, les billets seraient nuls comme nous l'avons vu, puisqu'il n'y aurait plus d'argent pour payer une nouvelle émission. Mais si les billets de la banque ne devaient être payés qu'un mois après leur émission, et que les billets du commerce que l'on a pris ne fussent que de vingt-neuf jours, la banque pourrait dans ce cas payer avec la rentrée des billets du commerce et n'aurait pas besoin de faire usage de son capital; mais si les billets du commerce étaient de trente-un jours, les billets de banque restant au même terme, la banque serait obligée d'employer son capital pour payer ses billets, sauf à rentrer dans ses fonds le lendemain par les valeurs qu'elle aurait reçu du commerce; si enfin au lieu d'émettre une quantité de billets égale à son capital, la banque en émettait trois ou quatre fois plus, comme cela arrive ordinairement, ces billets devraient avoir un terme moins long que ceux du commerce, autrement la banque serait impropre à payer avec son argent, vu qu'il est moindre que l'émission de ses billets et se trouverait dans la nécessité d'attendre le paiement des effets du commerce; de sorte que ces billets qui portent qu'on doit les payer à vue et en espèces est un leurre, puisque par le fait ils sont obligés de circuler non-seulement un certain temps, mais de circuler plus long-temps que ceux du commerce, dans le cas où l'émission des billets de banque est plus grande que le capital.

Cette prétendue facilité qu'ont les porteurs des billets de banque d'aller les échanger contre des espèces, qu'on a considéré comme un grand avantage et qui n'est le plus souvent qu'une illusion, d'après ce que nous venons de voir, conduirait à penser s'il ne serait pas préférable que ces billets ne fussent exigibles qu'après un certain terme, et si de là il ne résulterait pas plus d'avantages que d'inconvénients, en donnant à ces billets droit de circulation jusqu'à leur échéance. Nous pensons pour l'affirmative, car dans ces moments difficiles où les paiements se font avec peine, tout le monde, étant dans la crainte et ayant le droit de faire acquitter ces billets contre des espèces, se presse pour avoir de l'argent et augmente ainsi la défiance; les banques, dans ce cas, sont obligées de faire de force ce qu'un règlement devrait ordonner, c'est-à-dire de remettre le paiement des billets à un terme plus reculé; de là la chance de pertes, tant pour la banque que pour les porteurs de billets, ce qui n'aurait pas lieu si dans ces moments critiques l'échéance des billets était espacée de manière à pouvoir effectuer des rentrées, d'abord parce que les billets circuleraient comme de l'argent, et de plus c'est que les paiements se feraient successivement, et les opérations de la banque se trouveraient ainsi régularisées et n'éprouveraient pas de secousses.

Ce qui précède nous montre 1° que la garantie des opérations d'une banque ne réside pas dans son administration, ni dans son capital, mais bien dans les souscripteurs des billets de commerce; 2° que les billets de banque qui portent : payez à vue et en espèces, est une duperie, puisque par le fait ils sont obligés de circuler un certain temps dans le commerce, et par conséquent ils ont un certain temps pour leur échéance; 3° qu'il serait préférable de fixer le terme de l'échéance de ces billets pour éviter, dans les moments critiques, les embarras d'une banque et le danger de perdre, soit pour elle, soit pour les souscripteurs.

Ayant constaté que l'existence d'une banque n'était possible qu'en faisant usage des principes que nous venons d'exposer, principes qui sont accordés comme monopole à quelques individus seulement, et qu'il importe d'accorder à tout propriétaire, qui doit être son banquier. De cette application, faite à la propriété, il résultera, tant pour le commerce que pour les souscripteurs, des avantages autres que ceux que produisent les banques ordinaires; premièrement une plus grande garantie pour le paiement de tous les billets souscrits, et en second lieu de ne payer aucun intérêt, considérations auxquelles tout bon système financier doit satisfaire.

L'idée du nouveau système consiste dans la mobilisation de la propriété, idée qui n'est pas nouvelle, puisque plusieurs personnes ont mis ce principe en avant depuis longtemps ; mais la manière de l'appliquer peut en changer complétement le résultat, et c'est ce qui va ressortir de l'exposé suivant.

Un propriétaire a une maison de 20,000 fr., il faut d'abord en constater la valeur; ceci s'obtiendra par le contrôle de l'Etat dans deux bureaux qu'il régit, le bureau des hypothèques et le bureau des contributions. Le premier a pour but de constater que la propriété n'est pas hypothéquée, et le second d'en faire connaître la valeur par l'impôt qui pèse sur la propriété. Cette manière d'appréciation est très-grossière sans doute, mais elle suffira puisqu'on devra s'arrêter à ne mobiliser que la moitié ou les deux tiers au plus de la valeur possédée, afin de donner la plus grande garantie possible. Ceci posé, voyons comment on pourra se procurer des valeurs.

Le propriétaire veut prendre 1000 fr. sur l'immeuble qu'il possède. Il se présente au bureau des hypothèques de l'arrondissement où est la propriété, et là on constate qu'aucune inscription n'existe sur elle. On va au bureau des impositions et on fait reconnaître la valeur de la maison. Ces deux opérations seront certifiées par les employés respectifs, qui en feront la déclaration par écrit. Avec ces déclarations on se présente à un bureau particulier que l'Etat établira *ad hoc*, et où l'on devra prendre les billets qui doivent circuler comme des espèces métalliques. Les employés chargés de donner ces billets les feront endosser en leur présence par le propriétaire, qui déclarera que ces billets lui appartiennent, et qu'il les paiera à son domicile au terme de leur échéance. Il fera la même déclaration sur un livre établi à cet effet, contresigné par le chef de cette administration. On prendra d'autres précautions que nous n'indiquons pas, soit pour garantir la valeur réelle de la propriété et assurer qu'elle n'est grevée d'aucune dette, soit pour empêcher la contrefaçon des billets, et que le propriétaire ne puisse les nier et en refuser le paiement.

Les 1000 fr. délivrés par l'Etat en billets de différentes valeurs de 20, de 50, de 100 fr., etc., sont hypothéqués sur la maison, portent qu'ils seront payés à une échéance déterminée qui sera de trois, de six mois ou un an, si l'on veut, au porteur, à vue et en espèces. Le souscripteur les met dans le commerce, s'en sert comme de l'argent; les billets circulent, reviennent au bout d'une année, terme de leur échéance, ils sont acquittés par le propriétaire qui reprend ses billets, les rapporte à son tour au bureau qui les a délivrés et fait, en les remettant, lever l'hypothèque qui grève la maison. Le propriétaire jouit ainsi d'une somme de 1000 fr. sans payer aucun intérêt, si ce n'est la valeur du papier, et se trouve débarrassé de tout engagement à l'égard de sa propriété.

Mais si les billets ne sont pas acquittés à leur échéance par le propriétaire, que fera le porteur de ces billets ? comment en assurer le paiement et qui est-ce qui le fera ? dans ce cas, ce sera le souscripteur, aidé par l'Etat, et voici comment : le porteur des billets, faute d'être soldé par le propriétaire, se présente à la caisse de l'arrondissement où les billets ont été souscrits, la caisse paie au nom de l'Etat et retire les billets. L'Etat a dès ce moment le droit de poursuite pour se faire payer par le propriétaire qui, dans ce cas, devient passible envers l'Etat des intérêts de la somme dont il a joui, et en outre, l'Etat a le droit d'émettre en billets pour son compte, au nom du souscripteur, et grevés sur sa propriété, une valeur égale à la somme qu'il a payée, et l'Etat se trouve par là n'avoir fait aucun sacrifice ; au contraire, il profite des intérêts de la somme payée, bien qu'il n'ait rien donné, puisqu'il a repris d'une main ce qu'il a donné de l'autre. Voyons maintenant le résultat de cette organisation financière, tant pour l'intérêt du propriétaire que pour l'intérêt de l'Etat.

Pour le propriétaire, nous l'avons déjà dit; lorsqu'il veut avoir de l'argent en papier, il commence par faire constater que sa propriété est grevée ou non de dettes; dans l'un comme dans l'autre cas, on en détermine la valeur; puis on se présente au bureau de la banque pour prendre sur la propriété une partie ou la totalité des valeurs que lui accorde la loi. Le propriétaire se trouve ainsi avoir en portefeuille de l'argent en papier, et le capital en bien-fonds, comme une banque ordinaire a son capital et ses billets d'émission. Le propriétaire fait usage de ses billets suivant ses besoins, il en jouit jusqu'au terme de l'échéance et sans payer aucun intérêt, pas plus pour ceux qu'il a mis dans le commerce que pour ceux qu'il a gardés chez lui; c'est un crédit qu'il s'est créé et qui ne lui coûte rien.

Si on compare cette manière de se procurer du crédit, avec les moyens que l'on est obligé d'employer pour les banques actuelles, on comprendra sans peine, à part les sept et huit pour cent et plus d'intérêt que l'on paie ordinairement, combien les pertes de temps, par les démarches qu'on est forcé de faire, sont considérables et onéreuses; combien les désagréments que l'on éprouve pour se procurer les signatures que l'on exige pour vous faire admettre sont pénibles, même de la part des banquiers eux-mêmes, qui sont froids d'abord pour mieux faire valoir leurs services, et puis très-joyeux quand on les a payés très-cher. On comprend dès-lors combien le nouveau système est avantageux, soit sous le rapport de l'intérêt, soit sous le rapport de la facilité que ce moyen vous procure, car un propriétaire qui voudra avoir de l'argent se le procurera avec autant d'aisance que s'il allait à la monnaie avec de l'argent en lingots pour l'échanger contre de l'argent espèces.

L'Etat, dans ces opérations de crédit, ne saurait être exposé au plus léger sacrifice, son travail se borne à constater un fait en certifiant l'existence d'une propriété qui a une telle valeur. Voilà la fonction qu'il a à remplir, et il nous semble que pour un tel service il ne saurait prétendre à aucune gratification.

Lorsque les billets ne seront pas acquittés par les souscripteurs, l'Etat ne saurait non plus dans cette circonstance s'en affliger; il aura là, au contraire, une occasion d'acquérir quelque bénéfice, puisque le propriétaire, faute d'avoir rempli ses engagements, devient passible des intérêts au profit de l'Etat. Nous savons bien que la caisse de l'arrondissement doit payer et qu'elle est responsable, mais nous savons aussi que l'Etat a le droit d'émettre en billets à son profit et au compte du propriétaire, une valeur égale à celle qu'il a déboursée en argent, valeur qui lui rendra le même service que les espèces qu'il a données.

On voit donc que le propriétaire est parfaitement libre et indépendant à l'égard de l'état, toutes les fois qu'il remplit ses engagements, mais du moment qu'il y manque, il s'en trouve puni par l'Etat qui le poursuit, lui fait payer les intérêts et le rend responsable de tous les frais. Cette punition est nécessaire pour la régularité et la sûreté de l'opération.

Ces billets en émission éprouveront-ils de la difficulté à circuler dans le commerce? les craintes qu'inspire le papier ordinaire existeront-elles? aura-t-on des causes réelles de ne pas vouloir accepter ce papier? Il est évident que non, car, qu'est-ce que l'on exige de la monnaie de papier? deux choses, pouvoir s'en servir comme de l'argent et avoir la certitude qu'à l'échéance on recevra la valeur de ce qu'il représente. Dans le premier cas, le papier ayant cours obligatoire et faisant les mêmes fonctions de l'argent en espèces, personne ne pourra le refuser; dans le second cas, puisque le papier repose dans les plus mauvaises circonstances sur une valeur double de celle qu'il représente, il serait puéril d'avoir la crainte que ce papier ne sera pas acquitté à son échéance, et par conséquent aucun détenteur ne saurait s'en inquiéter.

On nous dira que les dispositions que nous venons d'exposer sur le crédit pourront bien marcher dans un temps calme où les opérations commerciales se font régulièrement, mais dans un moment de crise, où le commerce et l'industrie souffrent faute d'argent, où les esprits sont en révolution, et lorsque le désordre est partout et la confiance nulle part, dans ces moments, dira-t-on, ce système financier jouira-t-il des mêmes avantages? Nous répondons oui, et nous ajouterons même que dans ces circonstances malheureuses il obtiendra un résultat plus heureux encore.

En effet, dès qu'une crise commence et que la société est menacée de quelque désordre, la première chose qui arrive c'est le resserrement des capitaux, l'argent disparaît de dessus la place, les banques sont assaillies pour acquitter les billets qu'elles ont émis et pour rendre les valeurs des particuliers qu'elles ont en dépôt, et cela parce que tout le monde a peur de perdre son avoir. Mais si au lieu d'avoir de l'argent dans le commerce on n'y avait que du papier, qui penserait à le retirer? et pourquoi le ferait-on! puisqu'il fait les mêmes fonctions de l'argent, bien qu'il n'ait aucune valeur par lui-même. On remarquera d'ailleurs que l'on ne peut venir au remboursement qu'au terme échu, et comme cette échéance est variable pour les souscripteurs, attendu qu'ils n'ont pas souscrit tous en même temps, et se trouvent par là avoir devant eux un temps plus ou moins long pour remplir leurs engagements, cette circonstance est excessivement précieuse dans un moment de crise. De plus, c'est que l'on n'aura pas à faire à une administration qui est bientôt obérée dans ses ressources, mais bien à des propriétaires très-nombreux, agissant isolément, ayant des valeurs plus grandes que celles qu'ils doivent et un grand intérêt à se libérer; car nous savons que, faute par eux de payer, ils sont exposés à des poursuites vigoureuses par l'Etat et à éprouver ainsi des pertes considérables : on ne peut pas supposer que des personnes solvables veuillent subir de pareilles conséquences. En admettant qu'il y en aurait qui manqueraient à leurs promesses, et ce nombre serait petit, l'Etat serait là pour y satisfaire et sans débourser une obole, comme nous l'avons vu.

Tout le monde ayant donc le droit de faire accepter le papier pour de l'argent, et la certitude, quoiqu'il arrive, qu'il sera acquitté à l'époque de son échéance, les crises commerciales, qui sont si fatales aujourd'hui, perdront de leur gravité avec l'existence des garanties dont nous venons de parler, et surtout en créant dans ces moments de trouble, de nouvelles valeurs en papier, comme tout propriétaire en a le pouvoir. On peut dire dès-lors que toute commotion sociale sera impossible, lorqu'elle sera produite par le manque d'argent, attendu que celui-ci deviendra en quelque sorte inutile par l'émission des billets.

Il est inutile de prouver que l'Etat peut tirer un grand parti de cette manière de se procurer du crédit, et un parti plus grand encore que les propriétaires, lui, qui agit pour le compte de tous, doit avoir des facilités qu'on ne peut accorder à des particuliers. Il se trouve souvent dans des moments pressants d'avoir de l'argent et à courte échéance, et de ce que les recettes du budget ne se font pas régulièrement, il est embarrassé de faire face à ses engagements. Si dans ces moments critiques il avait la faculté d'émettre, au lieu des bons du trésor, desquels il faut payer intérêt, des billets dont l'échéance serait graduée de manière que les rentrées de ses propres revenus fussent effectués avant le terme des paiements, alors il se trouverait à même de se libérer sans avoir fait aucun sacrifice pour se procurer du crédit, et la dette flottante, qui est si onéreuse pour le trésor, et si agréable pour les capitaux inactifs, se trouverait anéantie. L'état peut obtenir encore de grands profits dans les emprunts qu'il fait et qui ne sont pas destinés à être consolidés par la rente; et même dans ce dernier cas ce moyen lui fournira de grandes ressources : ce qu'il importe dans ces opérations, c'est de garantir les paiements des billets en émission, et il le peut par les propriétés nationales qu'il possède, et par le budget qui ne saurait lui manquer ; car faute de ces garanties le crédit ne serait qu'une illusion et la confiance nulle.

Nous n'avons pas parlé de prendre du crédit sur les valeurs mobiliaires, sur les marchandises, parce qu'elles ne présentent pas assez de garantie, comme étant susceptibles de circuler comme des valeurs échangeables et présentant par-là peu de stabilité ; mais toutes les fois que l'on pourra les placer dans un état tel qu'elles pourront garantir le crédit que l'on prendra sur elles, on devra le faire.

Nous avons dit plusieurs fois que le crédit était une chose nulle si la valeur qui le représente n'est pas acquittée à une époque déterminée ; nous avons vu aussi que ce crédit devait durer un certain temps; nous allons donner maintenant quelques détails sur cette durée et sur l'influence qu'il doit exercer sur l'argent, en le rapportant toujours à la mobilisation de la propriété.

En mobilisant la propriété, nous avons vu les avantages qu'en ont retiré les propriétaires et l'Etat : ces avantages seront plus ou moins grands, suivant que le crédit sera plus ou moins long.

Ainsi reprenons l'exemple de la maison de vingt mille francs que nous avons déjà examiné et comparons-là à une somme d'argent d'une même valeur. Si on prend sur la maison, en billets, la totalité de sa valeur, c'est-à-dire une valeur de vingt mille francs, le propriétaire jouira doublement, d'abord de la maison, et puis des vingt mille francs qu'il a pris en billets. Si au contraire on a une valeur en argent de vingt mille francs, et que l'on veuille avoir sur cette somme une valeur égale en billets, il faudra, pour avoir la même garantie que présente la maison, que la somme de vingt mille francs soit mise en dépôt, autrement on n'aurait pas la certitude que les billets, arrivant à l'échéance, seraient payés, par la raison que l'argent pourrait se perdre étant mis en circulation : on sera donc obligé de le déposer ; mais de ce qu'il sera déposé et que l'on ne pourra pas s'en servir comme argent, il arrivera que l'on ne pourra jouir que d'une valeur égale à son capital, qui sera l'émission des billets ; lorsque pour la propriété ont jouit d'une valeur double du capital, et par conséquent le capital en bien-fonds aura un double avantage sur le capital en argent.

On pourrait nous dire, qu'au lieu de placer la somme de vingt mille francs en dépôt, on la placera par hypothèque sur un immeuble, et alors on percevra les intérêts de l'argent et on jouira des billets que l'on aura pris sur cette somme. Dire que l'on a placé de l'argent sur une propriété, c'est dire que la propriété répond ; car si la propriété ne valait que vingt mille francs, la propriété appartiendrait au capitaliste et non au propriétaire, et dès-lors l'argent se serait changé en propriété, et c'est la propriété que l'on a en garantie et non l'argent.

Nous ajouterons que le propriétaire pouvant se créer un crédit, sans payer intérêt, en mobilisant la propriété, n'empruntera pas de l'argent à un capitaliste pour payer cet intérêt; mais il s'adressera directement au bureau de l'arrondissement qui fournit les billets de crédit, et l'argent ne trouvera pas le placement si favorable que lui présente la propriété et qui lui est si funeste. Ceci nous apprend que le capital argent perdra de sa valeur, d'abord, parce qu'il donnera un revenu plus faible que le capital bien-fonds, et de plus, parce qu'il se placera plus difficilement sur la propriété.

La durée du crédit peut porter atteinte également à la valeur de l'argent et devenir plus favorable au propriétaire. En effet, supposons que la valeur de vingt mille francs obtenus sur la maison, en billets, ne soit prêtée que pour un mois, et qu'au bout de ce terme on soit obligé de l'acquitter en espèces, comme cela est convenu, le propriétaire devra se procurer cette valeur en argent avant ce terme. Si le crédit était de douze mois, au lieu d'un mois, comme précédemment, le propriétaire n'aurait besoin de l'argent que douze fois plus tard. Si le crédit était encore plus long et qu'il fût de deux, de cinq, de dix, de vingt années, le besoin d'argent serait moins grand encore, et par conséquent la nécessité d'avoir des espèces serait d'autant plus rare que le crédit serait plus long.

Le propriétaire pourra encore se libérer sans avoir besoin toujours de l'argent à l'échéance de ses billets ; car dans ses opérations il n'y a que deux conditions à remplir, la première qui est que le dernier détenteur des billets puisse en être payé en espèces à leur échéance ; la seconde, qui clôture l'opération, est celle où le propriétaire a retiré ses billets et va faire lever l'hypothèque. Or, si le propriétaire, une fois qu'il aura émis ses billets, peut les retirer en donnant en échange d'autres valeurs, il ne saurait en être empêché. Quand il donne ses billets, on lui donne en retour des valeurs ; que ces valeurs soient des matières premières propres à son industrie, une fois qu'il les aura travaillées, il les vendra, et il retirera en échange de l'argent, ou de ses billets ou des billets étrangers, ou peut-être bien d'autres valeurs ; mais admettons que ce soit de ses billets, il les gardera. Si c'était des billets étrangers, quand il fera de nouvelles acquisitions, il donnera de ces derniers et conservera les siens. En un mot, il fera en sorte de faire rentrer ses billets, et quand l'échéance arrivera, le propriétaire qui est obligé d'acquitter ses billets en espèces, les ayant retirés d'avance en grande partie, n'aura besoin en ce moment que d'une faible somme d'argent pour payer ceux qui, dans la durée du crédit, ne lui sont pas tombés entre ses mains.

A part les facilités que le propriétaire retire de la durée plus ou moins longue du crédit pour retirer ses billets, le propriétaire retire encore des profits d'autant plus grands que le crédit est plus long; ainsi, s'il a un crédit de trois mois, il aura un profit de....; s'il est de six mois, il aura un profit double; s'il est de douze mois, il sera quadruple, et si on lui prête pour vingt années et que l'intérêt soit de cinq pour cent, taux ordinaire, il doublera sa propriété, et cela sans aucun embarras; mais nous irons plus loin en accumulant le crédit : si le lendemain que l'on a obtenu les billets de crédit pris sur la maison, on achetait avec cette valeur de 20,000 fr. une autre maison du même prix, on aurait une seconde propriété sur laquelle nous pourrions obtenir le même crédit que nous avons fait sur la première, c'est-à-dire, 20,000 fr. de billets; avec cette nouvelle valeur, nous pourrions encore acheter une autre maison qui nous présenterait les mêmes conditions des autres comme crédit, de sorte que l'on pourrait acheter des propriétés à l'infini avec une seule que l'on possédait d'abord. Ceci nous montre quel parti l'on pourrait tirer de ce crédit; mais en même temps cela prouve quelles précautions l'on doit prendre pour l'appliquer. Et quand on dit : il faut mobiliser la propriété, on dit une chose très-sérieuse et il importe de savoir pourquoi et comment on doit le faire; car on comprend quel immense profit on peut créer pour les propriétaires, si on voulait les laisser jouir de toute la faculté que ce mode de crédit peut leur accorder. Et on remarquera que les suppositions que nous venons de faire n'ont rien d'exagéré; que la garantie qu'exigent ces opérations est parfaitement assurée; qu'une première propriété assure le paiement du crédit que l'on prend sur elle, qu'avec cette nouvelle valeur on obtient une seconde propriété qui répond à son tour du crédit qu'elle représente, et cela sans laisser le moindre doute dans l'esprit.

Nous savons bien que les choses ne se passeront pas ainsi, attendu que la facilité qu'a un propriétaire de se créer des valeurs pour acquérir de nouvelles propriétés, un autre comme lui ayant la même facilité, ne vendra pas au premier, mais jouira de son droit en se procurant directement des valeurs qui ne lui coûteront rien, valeurs qui seront les mêmes que celles qu'il aurait reçues en vendant sa propriété; car, prendre 20,000 fr. de crédit, si c'est là la valeur de la propriété, en billets, ou qu'on les reçoive en vendant cette propriété, la valeur est toujours la même, seulement que dans ce cas on jouit du crédit et on conserve la propriété, et dans l'autre, on reçoit la même valeur et on n'a plus de propriété; mais toujours est-il, qu'avec le crédit qu'on se procure, on peut acquérir de nouvelles valeurs qui peuvent garantir de nouveaux crédits, comme nous l'avons exposé plus haut.

Nous savons aussi, que la supposition que nous avons faite, que la valeur du crédit était proportionnelle au temps, est vraie pour tout les crédits que l'on fait ordinairement; mais pour celui que nous voulons établir et que l'on peut renouveler successivement, il y a une différence relativement à l'emploi de l'argent; ainsi, le crédit de six mois accordé au propriétaire une fois qu'il a acquitté ses billets et qu'il les a retirés, il peut de suite renouveler son crédit et en jouir autant de temps. Le crédit que l'on a obtenu pour douze mois est le même, comme bénéfice, soit qu'on l'ait accordé en deux ou trois fois différentes, ou en une seule; seulement il y aura cette grande différence, c'est que pour les courtes échéances il faut renouveler souvent les crédits et acquitter les billets avec des espèces, ce qui exige de l'activité et du travail, pendant que pour les longs termes, une fois que l'on a obtenu le crédit et que l'on en a placé la valeur, on peut rester parfaitement tranquille et jouir paisiblement d'un revenu double de sa propriété.

En rapprochant les différentes comparaisons que nous avons faites sur le revenu de la propriété, comparée au revenu de l'argent et de la durée du crédit, nous arrivons à des considérations qui nous apprennent : 1° Que la valeur de la propriété mobilisée produira un revenu double d'une pareille somme en argent, quand celle-ci représente la même garantie de paiement ; 2° que le revenu de la propriété acquiert de la valeur avec la durée du crédit, et que l'argent perd de l'importance, d'abord, parce qu'on le remplace par le papier et qu'il donne un revenu moindre, et de plus, parce que son emploi devient plus rare avec la durée du crédit, et que même il deviendrait inutile, tout en conservant dans les opérations commerciales la même garantie, si le remboursement du papier n'était exigible en espèces ; 3° que par cela seul que la propriété peut acquérir tant d'importance par la mobilisation entière que l'on en ferait et par la longue durée du crédit, et que par contre l'argent perd de sa valeur, il importe de déterminer la portion relative de la propriété que l'on doit mobiliser eu égard à celle que l'on possède, et de fixer la durée du crédit, afin de balancer le revenu de l'un et de l'autre, tout en rendant le crédit accessible au travailleur.

D'après ces considérations, voyons maintenant de quelle influence sera le crédit et pour la petite et la grande propriété, et pour le commerce et le travail.

L'argent est aujourd'hui la pierre angulaire de

toutes les affaires sociales, c'est lui qui est l'idole de tout le monde ; car c'est avec lui que l'on jouit dans la société de quelque importance et que l'on domine les affaires ; mais du moment que son revenu perdra de sa valeur, son influence s'affaiblira et la propriété, qui est en discrédit comme produisant peu relativement à l'argent, prendra de l'ascendant avec le nouveau système, puisque son revenu sera plus grand que celui de l'argent ; de sorte qu'il y aura un revirement dans les affaires qui sera heureux pour ceux qui souffrent actuellement.

L'agriculture souffre, parce que son revenu est plus petit que celui de l'argent, et les capitaux prennent une autre direction pour se placer plus avantageusement ; si le revenu de l'agriculture augmentait, et nous savons qu'il augmentera par la facilité que va recevoir la propriété de pouvoir se procurer du crédit, il se passera un renversement dans les positions qui existent aujourd'hui, qui sont celles-ci : l'agriculture, qui a besoin de l'argent à bon marché et qui n'en peut prendre qu'à cette condition, n'en trouve pas ; l'argent, qui trouve de meilleures conditions ailleurs, ne veut pas aller vers elle ; mais quand la propriété aura acquis de nouvelles valeurs, que sa position se sera améliorée et que l'argent aura perdu de son importance, celui-ci voudra aller vers l'agriculture pour se placer et surtout pour acquérir des propriétés ; mais l'agriculture, qui n'aura besoin ni de vendre, ni de crédit, ni par conséquent de l'argent, le refusera : c'est ce qui arrivera infailliblement.

Si on examine ce qui arrivera pour l'agriculture elle-même, on comprend quels avantages elle retira de ce système de crédit. Elle souffre aujourd'hui parce qu'elle n'a pas des avances, c'est l'argent qui lui manque, et les meilleures conditions que puissent lui faire les capitaux, sont trop onéreuses pour elle, et il lui est impossible de les supporter. Aussi, les améliorations dont l'agriculture a besoin ne s'opèrent pas, les instruments du travail lui manquant, les plus simples opérations ne peuvent s'exécuter. Il n'est pas rare de voir des petits propriétaires qui ont la marne au milieu de leur bien et qui est indispensable pour la bonification du sol, ne pouvoir l'amender faute de pouvoir acheter un cheval et un tombereau ; mais du moment qu'un système viendra à leur secours et que l'on pourra se procurer du crédit, non pas un crédit de deux ou trois pour cent que l'on accepterait favorablement, mais un crédit qui ne coûtera rien, non-seulement alors les perfectionnements les plus simples auront lieu, mais les grandes opérations de l'agriculture s'exécuteront, les défoncements des terres, les amendements, les irrigations, et tant d'autres encore, et cela parce qu'on pourra se créer des avances en obtenant du crédit.

Cette organisation financière produira incontestablement des avantages pour la petite et la grande propriété; mais qui dit la grande propriété dit la richesse, la grande fortune, et ceux qui la possèdent ont plus ou moins les moyens d'amender leurs biens, de les améliorer; mais les petits propriétaires et même les moyens n'ont pas toujours cette faculté; leurs ressources ne le leur permettent pas, et par conséquent ce système sera plutôt utile au petit qu'au grand propriétaire, ce qui ne saurait contrarier aucun régime politique et surtout le régime républicain.

Le crédit qui ne s'applique pas utilement à toutes les branches de la production est un crédit mal établi, il sert les uns au détriment des autres, et c'est ce qui a lieu actuellement. L'argent ne profite guère qu'au capitaliste, et pas du tout au travail ou presque pas, et pourtant le crédit appliqué utilement au travail, doit être le dernier terme auquel doit tendre tout bon système financier. Sans le travail pas de production, pas de richesse, et par conséquent pas de bien-être pour le travailleur. Or donc, il faut que l'argent ou le crédit vienne en aide au travail, qu'il y vienne avec abondance, afin qu'il ne lui soit pas tyrannique comme il l'est maintenant. Voyons si celui que nous proposons remplira ces conditions.

Le crédit, pour être utile au travail, devrait satisfaire à plusieurs conditions, mais il y en a deux surtout très-importantes. La première, qui est l'abondance du crédit ou du capital, et la seconde, que le crédit ou le capital tende et soit forcé d'aller vers le travail et non ailleurs ; que le travail lui soit un attrait et non une répulsion, par le placement avantageux qu'il lui présente.

L'abondance du crédit avec ce système ne saurait être douteux, lorsque l'on peut à volonté changer la propriété immobilière en monnaie de circulation, lorsqu'au lieu de quelques banquiers que nous avons on peut en avoir dix millions, puisqu'il y a dix millions de propriétaires, et que tous sont banquiers, pouvant frapper à volonté et avec autant de facilité et plus de la monnaie que les machines monnaitaires convertissent les lingots d'or et d'argent en espèces. Sil est vrai, comme le disent les économistes, que la valeur des choses se règle par le rapport de l'offre à la demande, le travail retirera le plus grand avantage de la multiplicité de ces valeurs. Nous disons s'il est vrai que les choses se règlent ainsi, et cela est un fait qui n'est que trop sûr et qu'on ne saurait contester, mais qui est aussi un malheur, puisqu'on ne peut se l'expliquer ni par la justice, ni par la raison, mais bien par la fatalité des circonstances qui rendent les conventions toujours nuisibles au travail. Dans ce moment, le contraire aura lieu, le travail profitera de l'abondance des valeurs mises en circulation, mais il ne profitera pas encore de tout ce qu'il doit en attendre, et de tout ce qu'on lui accorderait, si on pouvait se rendre raison des valeurs respectives du crédit et du travail ; mais enfin il s'arrangera de l'état de choses actuelles et profitera de la position que va lui faire le nouveau crédit ; car jusqu'à présent l'argent a été rare, et il l'était d'autant plus qu'on le tenait plus serré ; le travail dès-lors était obligé de rechercher les capitaux et de les payer très cher ; mais du moment que l'on peut mettre dans la circulation des milliards de valeurs, que l'on pourra battre monnaie à volonté, cette monnaie deviendra abondante, le travail qui en était privé, d'abord, en sera inondé à présent, l'offre sera plus grande que la demande et le crédit sera moins cher.

Si le crédit, quoiqu'à bon marché, pouvait prendre d'autres directions que celle du travail, celui-ci ne profiterait pas beaucoup de son abondance ; ou du moins il n'en profiterait pas avec autant d'avantage que s'il était obligé de se porter vers le travail ; nous devons donc voir la direction probable qu'il doit prendre. Nous parlerons surtout de l'argent.

Nous avons dit : la propriété a un revenu plus grand que l'argent ; nous avons dit aussi : que l'argent ne trouverait pas à se placer sur la propriété, attendu que celle-ci peut se créer du crédit. Or, si l'argent ne trouve pas à se placer sur les valeurs existantes, il faudra qu'il se porte sur les valeurs à créer, s'il ne veut pas rester improductif; les valeurs à créer sont dans l'agriculture et l'industrie; mais nous savons que l'agriculture peut se procurer plus de crédit qu'elle n'en a besoin, ce sera donc vers l'industrie que le capital se portera, c'est-à-dire vers la confection des produits industriels.

En voulant combattre l'influence que l'argent exerce aujourd'hui sur les affaires, il ne faudrait pas tomber dans un excès contraire en donnant trop à la propriété. Nous avons vu que si on voulait profiter de toute la faculté que pourrait donner la mobilisation de la propriété, on créerait en faveur du propriétaire des profits considérables et que l'on détruirait la valeur de l'argent comme moyen d'échange. Nous avons dit qu'il ne fallait prendre sur la propriété que la moitié du crédit comme mesure de garantie; maintenant nous disons que l'on doit en prendre moins encore, et pour réduire la faveur à faire à la propriété, et pour laisser à l'argent son droit d'action. Le gouvernement qui sera appelé à régler la portion de la propriété que l'on devra mobiliser et la durée du crédit que l'on devra accorder, aura entre ses mains, avec ce système de crédit, un moyen puissant pour commander aux affaires;

il pourra autoriser de mettre dans la circulation des valeurs plus considérables que celles dont on a besoin pour la prospérité du commerce et de l'industrie, sans avoir besoin pour cela d'user de toutes les ressources que l'on peut obtenir avec ce système. Et toutes les fois que l'on est placé dans des circonstances telles où l'on peut faire plus de choses que celles dont on a besoin pour le bien public, on se trouve heureusement placé, de sorte que l'état aura la faculté de faire plus ou moins, suivant les besoins accidentels de la société, en fixant l'émission du crédit et aura par là le pouvoir de régler l'influence de l'argent, tout en lui conservant sa valeur.

En commençant nous avons fait remarquer que nous ne nous occuperions pas des résultats auxquels le crédit doit donner lieu, en basant son étude sur des appréciations nouvelles des valeurs commerciales; mais que nous arrêterions nos recherches aux appréciations établies aujourd'hui. Nous ferons observer en finissant que nous avons été fidèles à nos prescriptions en bornant notre étude au mécanisme financier des banques. Nous demanderons maintenant si le pouvoir que l'on accorde à des banques d'émettre trois ou quatre fois plus de valeurs qu'elles n'en possèdent ne doit pas être accordé de préférence à des propriétaires qui n'émettraient qu'une faible portion de leur avoir, eux qui sont la seule garantie du crédit, pendant que les banques ne répondent de rien et qu'elles perçoivent malgré cette incapacité les intérêts au détriment de ceux qui en forment la solvabilité; si le privilège accordé à quelques-uns, privilège qui forme le monopole le plus exhorbitant et le plus ruineux pour le commerce et l'industrie, ne doit pas être accordé à tous comme un droit, attendu qu'ils ne font que jouir d'une partie de leur avoir sans porter obstacle à personne; si enfin il ne faut pas détruire l'influence funeste qu'exerce l'argent sur les affaires, le pouvoir qu'il a de commander à tous les pouvoirs, monarchiques, constitutionnels et démocratiques, et cela sans éprouver la plus légère résistance; nous demandons si on ne doit pas balancer une action si puissante, si dominatrice, par une combinaison simple, utile et à la portée de tous. Les résultats favorables que nous avons obtenus, tant pour l'état que pour les individus, seront une réponse que l'on ne saurait réfuter.

Exemple d'application de ce système de crédit.

Les différentes comparaisons que nous avons établies ont eu pour but seulement de faire ressortir l'utilité de cette organisation financière. Maintenant nous l'appliquerons en faisant ressortir, par un exemple, l'intérêt que peut en tirer l'Etat considéré comme banquier.

Nous proposons de satisfaire à cette question savoir : que l'Etat pourra se libérer, par ce mode de crédit, de la dette publique de cinq milliards en moins de trente ans, sans demander un centime de plus aux contribuables de ce qu'ils paient aujourd'hui et sans toucher au budget de l'Etat.

Admettons pour cela, que l'État ait reçu, le premier janvier 1848, son budget qui sera, si l'on veut, d'un millard ; qu'il place cette somme à l'intérêt à cinq du cent et pour un an ; que le deux janvier il émette un millard de papier, comme le ferait une banque, à une année d'échéance, non pas pour le prêter, mais pour faire face au budget des dépenses en payant au fur et à mesure des besoins, l'intérêt de la rente, les pensions, l'armée, etc. Le milliard que l'Etat a prêté lui sera rendu le premier janvier 1849, plus cinquante millions d'intérêt produit de cette somme. Les billets émis, rentrant le lendemain 2 janvier 1849, seront payés avec le milliard que l'Etat avait prêté, de sorte que l'Etat se trouve avoir réalisé dans cette opération un bénéfice de cinquante millions. Cette opération faite par l'Etat est-elle plus sûre que si elle était faite par une banque? Il est évident que l'Etat présente plus de garantie ; en effet, que peut-il arriver de défavorable dans cette opération ? C'est que l'argent prêté ne soit pas tout rentré à l'époque de l'échéance, et dans ce cas on ne pourrait pas acquitter tous les billets en émission. Cette crainte ne peut pas exister à l'égard de l'Etat, lui qui n'a pas seulement le milliard qu'il a prêté, mais qui a encore le budget d'un milliard de 1849 payé par les contribuables, et au lieu d'avoir une garantie égale à l'émission des billets, il a une garantie double, puisqu'il y a deux milliards pour un qu'il fallait payer ; tandis qu'une banque, qui aurait prêté un milliard en espèces et un milliard en papier, serait obligée, dans le cas où la rentrée de l'argent ne serait pas entièrement effectuée, d'arrêter ses paiements et de faire tort de toute la différence de l'argent qu'on ne lui aurait pas payé, moins les intérêts qu'elle aurait reçus. Il reste donc démontré que l'Etat présente une garantie parfaite, rigoureuse, tandis que celle de la banque, dans les mêmes circonstances, est tout-à-fait douteuse et incertaine.

Nous préviendrons une espèce de contradiction qui semblerait résulter de ce que nous avons dit de la somme de vingt mille francs, laquelle ne pouvait porter intérêt que de la valeur qu'elle représente, tandis que nous voyons que l'Etat s'est créé un intérêt double par l'émission de ses billets et par l'argent qu'il a prêté ; cette différence tient d'abord, à ce que l'Etat a, comme nous l'avons vu, à l'époque du paiement de ses billets, une valeur double de celle qu'il doit ; et de plus, c'est qu'en plaçant son argent en plusieurs mains, le paiement en est plus certain, par la raison qu'il n'est pas probable que tous les créanciers soient insolvables et restent sans payer. Mais pour une somme d'argent sur laquelle on veut avoir du crédit il faut que la garantie soit sûre et complète et non incertaine, comme elle le serait si cette somme était mise dans le commerce ; c'est ce qui explique précisément la différence de garantie que nous avons trouvée entre l'Etat et la banque : l'un ne laisse aucune espèce de doute sur le paiement de ses billets, tandis que l'autre inspire des craintes qui rendraient les opérations du commerce difficiles.

L'Etat ayant un revenu de cinquante millions tous les ans, si on affectait cette somme à la liquidation de la dette publique de cinq milliards dus par la France, il faudrait cent années pour se libérer complètement. Mais comme l'Etat est obligé de payer les intérêts de cette dette, il arrivera qu'après avoir donné cinquante millions, revenu d'une première année, il aura l'année suivante les intérêts de ces cinquante millions de moins à payer, et il pourra les ajouter aux cinquante millions produit de la seconde année. Aux cinquante millions de la troisième année on ajoutera les intérêts des cent millions des deux années précédentes et on formera ainsi les intérêts composés ou la caisse d'amortissement, qui éteindra la dette en trente-six années, comme on le sait, au lieu de cent qu'elle y aurait mis sans cette combinaison.

Mais le revenu de la France n'est pas d'un milliard seulement, il est d'un milliard et demi et plus, et cette somme placée à l'intérêt produira non pas cinquante, mais bien soixante quinze millions que l'on pourra consacrer à l'amortissement de la dette publique, et l'Etat s'en trouvera libéré dans moins de trente années, comme nous l'avons dit, puisqu'il ne faudra pas plus de vingt-sept à vingt-huit années pour obtenir ce résultat.

Nous ferons encore une autre supposition et nous admettrons que l'Etat émette des billets à cinq années d'échéance, et qu'il prête de l'argent pour être remboursé au même terme. Voyons ce qui arrivera dans cette circonstance.

L'Etat a prêté, le premier janvier 1848, un milliard à cinq du cent et pour cinq années; il a émis le 2 janvier un milliard de papier pour être acquitté cinq années plus tard, de manière que l'Etat prête et émet des billets depuis le premier janvier 1848, jusqu'au premier janvier 1853, et pendant tout ce temps l'Etat recevra tous les ans cinquante millions d'intérêt. En 1849 il prête le milliard du budget qu'il a perçu jusqu'en 1854. En 1850 il prête encore le milliard qu'il reçoit, et il continue ainsi tous les ans à prêter le revenu de son budget en émettant des billets pour une pareille somme et à une échéance d'un jour plus tard que l'argent qu'il a prêté. Dans cette supposition voici ce qui arrivera : l'Etat perçoit en 1849 cinquante millions d'intérêt du milliard qu'il a prêté l'année précédente; en 1850 il perçoit encore cinquante millions de l'argent prêté en 1848, puisqu'il doit recevoir cinquante millions tous les ans jusqu'en 1853; il reçoit en outre cinquante millions du milliard prêté en 1849; ce qui fait cent millions d'intérêt pour cette année 1850; en 1851 on perçoit cent cinquante millions d'intérêt, cinquante millions de l'année 1848, cinquante millions de l'année 1849 et cinquante millions de l'année 1850; en 1852 on recevra deux cents millions: cinquante millions de 1848, cinquante de 1849, cinquante de 1850 et cinquante de 1851; et enfin on aura un intérêt de deux cent cinquante millions pour l'année 1853 de l'argent prêté dans les années 1848, 1849, 1850, 1851 et 1852. A partir de cette année 1853, l'Etat recevra l'argent qu'il a prêté en 1848 et acquittera les billets qu'il a émis à cette époque; mais en même temps il recevra le budget d'un milliard de cette même année qu'il placera suivant les mêmes conditions; l'année suivante on répétera la même chose, c'est-à-dire que l'on paiera les billets émis en 1849 avec l'argent que l'on a prêté à cette époque et l'on placera le budget de 1854. Cette opération de crédit pourra se continuer indéfiniment et l'Etat se créera ainsi un revenu constant en percevant tous les ans deux cent cinquante millions, au lieu de cinquante qu'il en recevait lorsque le prêt et l'échéance des billets n'étaient que d'une année. On voit donc que si le placement de l'argent était à un plus long terme que celui de cinq ans, le revenu serait plus grand encore; si le terme était plus court le revenu serait plus petit : l'Etat pourra par conséquent faire pour lui ce qu'il a fait pour les propriétaires en réglant son revenu suivant la durée du crédit, c'est d'ailleurs ce que nous avons déjà expliqué, mais sous une autre forme.

Il est bien entendu que les villes qui ont un revenu pourront l'augmenter et se créer du crédit, comme le fait l'Etat, en prêtant de l'argent et en émettant des billets en leur nom et se libéreront par là de leurs dettes, ou feront exécuter des travaux d'utilité publique, sans avoir recours à des emprunts.

L'Etat, qui a pu se libérer promptement de la dette publique avec un revenu de cinquante millions, s'en libérera plus vite encore avec un revenu de deux cent cinquante millions. Avec cinquante millions il y a mis trente-six années ; avec deux cent cinquante millions il y mettra cinq fois moins de temps, c'est-à-dire qu'il en sera quitte en sept ou huit années. Voilà donc que l'Etat pourra s'acquitter des cinq milliards qu'il doit dans un espace de sept à huit années seulement, à partir du moment où le revenu de deux cent cinquante millions devient constant, lequel commence cinq années après le premier placement. On remarquera même, que dans le délai que nous venons de fixer, nous n'avons compté que sur un revenu d'un milliard, tandis que nous savons que le revenu de la France est d'un milliard et demi, et que dès-lors il faudra réduire encore le temps que nous venons d'indiquer.

Un résultat aussi avantageux pourra être contesté par les amis de l'argent, par les contradicteurs qui ne voient dans le papier que des assignats, par les raisonneurs quand même et à tout prix qui nous diront que l'Etat ne trouvera pas le placement de son budget aussi régulièrement que nous l'avons supposé, que l'intérêt ne sera pas toujours de cinq pour cent, que les rentrées ne s'effectueront pas à point nommé, et tant d'autres raisons de cette force. Mais les hommes sérieux, qui voient les choses de plus haut, qui lisent dans l'avenir, se plairont à reconnaître que ce système de crédit donne à l'Etat une puissance qu'il n'a jamais eue, lui qui est dépendant, comme beaucoup d'autres, des hommes d'argent et à qui il donne toute leur force en leur permettant de faire circuler dans le commerce plus de fortune qu'ils n'en possèdent et qu'il paie souvent à gros deniers le droit qu'il leur accorde, tandis qu'en s'arrogeant le pouvoir d'émettre des billets de crédit, l'Etat se crée un revenu qui n'est nuisible à personne, mais bien utile à tous, sans user à beaucoup près du droit qu'il donne aux autres, puisqu'il n'émet de valeurs en papier qu'à concurrence des espèces qu'il possède, ce qui ne saurait constituer pour l'Etat un privilège.

Le reproche que l'on pourra faire que l'Etat ne trouvera pas toujours le placement de son revenu ne saurait être un malheur; cela prouvera du moins qu'il n'aura pas besoin de faire des emprunts pour les payer à sept ou huit pour cent, quand il semble n'en payer que cinq. La difficulté de ne pouvoir retirer de l'argent, que l'Etat placera, l'intérêt légal, et qu'il sera obligé de donner à des conditions inférieures, sera une preuve d'abondance que l'industrie et le commerce verront sans en être affligés ; et cette richesse de moyens d'échange et leur bon marché ne seront jamais nuisibles à la prospérité d'un pays, car l'embarras que le gouvernement éprouve aujourd'hui faute d'argent, se changera en encombrement dans ses caisses dès qu'il n'en trouvera pas le placement. On voit par-là que ce mode de crédit produira dans les affaires publiques les résultats les plus heureux, non-seulement parce que l'Etat se sera créé un revenu considérable, mais, en outre, parce qu'il pourra prêter tous les ans à l'industrie manufacturière un milliard et demi de valeurs ; et si cette somme est placée avec habileté et intelligence, le manque de travail, qui est la cause de tant de désordres aujourd'hui, par la pénurie d'argent, ne saurait jamais exister lorsque l'Etat pourra lui fournir en espèces le SEPTIÈME DE LA PRODUCTION TOTALE DE LA FRANCE.

Quant à l'assimilation que l'on tendrait à faire de ce papier-monnaie aux assignats, il semble inutile de rien ajouter à ce que nous avons déjà dit ; car nous avons prouvé surabondamment que ce papier était plus sûr que tous les billets de banque que l'on émet et qui sont considérés aujourd'hui comme les meilleurs qui existent. Nous l'assimilons complètement à l'argent comme valeur d'échange, si même il ne lui est préférable sous plusieurs rapports ; la différence qu'il y a de l'un à l'autre est que l'argent porte toujours avec lui une valeur intrinsèque égale à l'objet avec lequel on l'échange, tandis que le papier ne porte qu'une valeur représentative et qui doit devenir réelle à son échéance; de sorte que le papier, avec cette dernière condition qui est indispensable, rigoureuse, absolue, rend le même service que l'argent, quelle que soit la durée de son échéance, en admettant toutefois qu'il ait le droit de circulation. Maintenant nous demandons si ce papier a le caractère que nous venons de lui donner, et si on peut le comparer aux assignats.

FIN.

Toulouse, imprimerie d'Aug. de Labouïsse-Rochefort.

www.ingramcontent.com/pod-product-compliance
Lightning Source LLC
Chambersburg PA
CBHW071418200326
41520CB00014B/3493
9782011270337